# 땅콩은 참 이상도 하지

**웅진주니어**

초등 과학이 술술 웅진 과학 동화

# 땅콩은 참 이상도 하지

초판 1쇄 발행 2010년 6월 28일 | 초판 5쇄 발행 2019년 5월 17일
글 양광 외 | 옮김 국제문화 | 그림 김언희 외 | 감수 황정아
발행인 이재진 | 도서개발실장 조현경 | 편집인 이화정 | 편집주간 송재우 | 편집 온오프
디자인 디자인아이 | 마케팅 이현은, 정지운, 양윤석 | 제작 신홍섭

펴낸곳 (주)웅진씽크빅 | 주소 경기도 파주시 회동길 20 (우)10881
주문전화 (02)3670-1191, (031)956-7325 | 팩스 (031)949-1014 | 문의전화 (031)956-7350
홈페이지 wjbooks.co.kr/WJBooks/Junior | 블로그 wj_junior.blog.me | 페이스북 facebook.com/wjbook | 트위터 @wjbooks
인스타그램 @woongjin_junior
출판신고 1980년 3월 29일 제406-2007-00046호 | 제조국 대한민국

글 ⓒ국제문화 1992, 2010   그림 ⓒ웅진씽크빅 2010
ISBN 978-89-01-10750-9 74400 / 978-89-01-10748-6 (세트)
(저작권자와 맺은 특약에 따라 검인을 생략합니다.)

웅진주니어는 (주)웅진씽크빅의 유아·아동·청소년 도서 브랜드입니다.
이 책은 저작권법에 따라 보호받는 저작물이므로 무단전재와 무단복제를 금지하며,
이 책 내용의 전부 또는 일부를 이용하려면 반드시 저작권자와 ㈜웅진씽크빅의 서면 동의를 받아야 합니다.
이 도서의 국립중앙도서관 출판예정도서목록(CIP)은 서지정보유통지원시스템(http://seoji.nl.go.kr)과 국가자료종합목록시스템
(http://www.nl.go.kr/kolisnet)에서 이용하실 수 있습니다. (CIP 제어번호: CIP2010001668)

잘못 만들어진 책은 바꾸어 드립니다.
※주의 1_책 모서리가 날카로워 다칠 수 있으니 사람을 향해 던지거나 떨어뜨리지 마십시오. 2_보관 시 직사광선이나 습기 찬 곳은 피해 주십시오.
웅진주니어는 환경을 위해 콩기름 잉크를 사용합니다

# 땅콩은 참 이상도 하지

웅진주니어

 머리말

여러분은 거미나 개미 같은 벌레를 보면 어떤 생각이 드나요?

귀엽나요? 아니면 징그럽다고 느끼나요?

아마 귀엽다고 느끼기보다는 징그럽다고 멀찍이 도망가는 친구들이 더 많을 거예요.

요즘은 자연과 멀어져서 그런 생각을 하게 되었을 거예요.

느끼지 못해서 그렇지 사실 우리는 수많은 생물들과 함께 살고 있어요. 학교 운동장에 가 보세요. 가만히 귀 기울이면 새들이 지저귀는 소리가 들릴 거예요. 또 곳곳에 있는 꽃들과 나무들은 쑥쑥 자라서 꽃을 피우고 열매를 맺어요. 작은 연못 속에도 눈에는 잘 보이지 않지만 여러 가지 생물들이 살지요.

이 책은 생물들이 어떤 모습으로 어떻게 지혜롭게 사는지, 동화로 꾸민 작품들을 담았어요.

중국 과학 동화집 가운데 재미있는 작품들만 골랐지요.

우리 몸에서부터 태양계까지 어떤 비밀이 있는지, 우리 생활 구석구석
숨어 있는 과학 원리는 무엇인지가 동화 속에 녹아 있어요.
과학을 좋아하는 친구들은 물론이고 과학은 딱딱하고 어렵다고 생각하는
친구들도 재미를 느낄 수 있게 말이에요.
그러면 꼬물거리는 벌레도 친구 같은 생각이 들지 않을까요?
자, 그럼 식물 친구들을 만나러 출발해 볼까요?

 잠깐, 얘기해 둘 것이 있어요. 이 책은 사실과 다른 부분이 있어요.
이를테면 동물들끼리 이야기를 나눈다거나 동물이 음식을 익혀서 먹는 거예요.
작가 선생님들이 좀 더 재미있게 이야기하기 위해서 상상해서 쓴 것이랍니다.

## 차례

머리말 … 4

차례 … 6

아기 소나무의 외투 (혜홍) … 8

달밤에 내린 이상한 비 (호상) … 16

사막의 정복자 버드나무 (춘린, 가집) … 22

**식물의 생김새** • 식물은 잎, 줄기, 뿌리로 나누어요 … 30

꽃이 많이 피는 계절 (러시아 동화) … 32

땅콩은 참 이상도 하지 (양광) … 38

생물 시계 (장유연) … 46

**꽃이 피는 시기** • 꽃은 때맞추어 피어요 … 54

세상에서 가장 힘센 장사는 누굴까요 (노극) ··· 56

잣나무의 근심 (노극) ··· 64

꽃들의 중매쟁이 (임송영) ··· 72

**꽃의 번식** • 꽃들은 씨앗을 만들어요 ··· 80

정원의 비밀 이야기 (기수삼, 양향홍) ··· 82

겨울나기 (호상) ··· 90

**식물의 겨울나기** • 식물은 겨울을 나는 방법이 달라요 ··· 98

**숙제 도우미** ··· 100

# 아기 소나무의 외투

울긋불긋 곱게 단장한 꽃들이 저마다 몸맵시를 뽐내고 있는 어느 화창한 봄날입니다.

아기 소나무가 연분홍 복숭아꽃과 하얀 자두꽃의 아름다운 모습을 몹시 부러운 눈길로 바라보다가, 고개를 숙여 자기 몸매를 쭉 훑어보고는 언짢은 표정으로 투덜거렸습니다.

"아이참, 내 외투는 왜 이렇게 거칠고 못생긴 껍질로 되어 있담? 도대체 나무에 껍질이 꼭 있어야 할 이유가 뭐야?
에잇, 이놈의 거추장스러운 외투만 없다면 얼마나 좋을까!"
한번 밉게 보기 시작하니, 보면 볼수록 자기 껍질이 더욱
초라하게 느껴지는 것이었습니다.
그러다가 문득 아기 소나무는 자기가 입은 껍질 외투가
두루마기처럼 헐렁헐렁하다는 것을 깨닫고, 잘되었다 싶어
외투를 벗어 버리기 위해 바둥바둥 몸부림을 쳤습니다.
마침내 껍질은 우수수하고 송두리째 벗겨져 나가고,
껍질에 가려 있던 하얀 속살이 드러나 반들반들 빛을 뿜기
시작했습니다.
아기 소나무의 겉모습은 완전히 딴판이 되었습니다.
때마침 날아온 나비들이 아기 소나무 주위를 돌면서 호들갑을
떨었습니다.
"이야, 너 정말 몰라보게 예뻐졌구나!
하마터면 아기 소나무인 줄 모를 뻔했잖아!"
우쭐해진 아기 소나무는 저도 모르게 팔다리를
들어 덩실덩실 춤을 추기 시작했습니다.

그런데 웬일일까요? 아기 소나무는 금방 피곤해져서 점점 팔이 아래로 축 처지는 것이었습니다.

"아니, 왜 그래?"

깜짝 놀란 나비들이 물었습니다.

"모르겠어. 그냥 힘이 쑥 빠져서……."

아기 소나무는 말을 잇기조차 힘이 드는 듯했습니다.

"큰일 났다! 아기 소나무가 병이 났어!"

나비들이 급히 소리쳤습니다.

"빨리 가서 딱따구리 의사를 모셔 오자!"

잠시 후 딱따구리가 도착했습니다.

딱따구리는 아기 소나무의 줄기를 부리로 톡톡 두드리면서 이곳저곳 자세히 진찰하더니, 고개를 갸우뚱하며 말했습니다.

"글쎄, 나무줄기에서는 해충을 발견하지 못하겠는데……. 아기 소나무야, 어디가 어떻게 아픈지 이야기해 보렴."

딱따구리는 아기 소나무로부터 자세한 이야기를 듣고 나서, 고개를 끄덕이며 말했습니다.

"그렇다면 아마 영양 부족인 것 같다."

원래 나뭇잎 속에는 영양분을 만드는 '엽록소'라는 녹색 공장이
있습니다.
이것을 잘 아는 딱따구리는 엽록소가 무슨 까닭에서인지 일을
중단해 더 이상 양분을 보내지 않게 되었으리라 판단하고,
나뭇잎에게 찾아가서 사정을 물어보았습니다.
나뭇잎이 딱따구리에게 설명했습니다.
"우리 공장에서는 햇빛을 이용하여 이산화탄소와 물로
영양분을 만드는 '광합성 작용'을 합니다.

 공기 속에 풍부하게 있는 이산화탄소는 우리가 직접 들이마시지만, 물은 뿌리가 흙 속에서 빨아들여 위로 올려 보내야만 합니다. 그러나 지금은 어찌 된 일인지 뿌리가 물을 더 이상 보내 주지 않고 있어서, 우리도 일을 중단할 수밖에 없는 실정이랍니다."
 딱따구리는 즉시 지렁이를 불러, 땅속으로 파고들어 가서 나무뿌리에게 무슨 일이 일어났는지 알아보고 오라고 지시했습니다.
 지렁이가 찾아가자, 나무뿌리가 하소연하듯 말했습니다.
 "내가 오히려 답답해서 죽을 지경이란다. 나뭇잎이 양분을 밑으로 내려보내지 않는 바람에, 나는 영양실조에 걸려 물을 빨아들일 힘마저 잃어버렸거든."

지렁이가 흙 속에서 나와 딱따구리에게 보고했습니다.

"나뭇잎은 나무뿌리에게 양분을 보내 주지 못하고, 나무뿌리는 나뭇잎에게 물을 보내 주지 못하고 있으니, 이는 분명히 나무줄기에 탈이 생겼다는 이야기올시다."

딱따구리는 머리를 싸매고 한참 끙끙거리더니, 비로소 원인을 알아냈습니다.

원래 뿌리가 빨아들인 물은 줄기 속의 '물관'을 통해 잎으로 보내져서 광합성 작용의 원료로 사용되고, 잎이 광합성 작용을 하여 만든 양분은 다시 나무껍질 안쪽에 붙어 있는 '체관'을 통해 뿌리로 보내진답니다.

그런데 지금은 아기 소나무의 껍질이 벗겨져서 '체관'이라는 '양분을 실어 나르는 길'이 끊어져 버렸으므로, 양분이 밑으로 내려갈 길이 없어져 버린 셈이지요.

딱따구리는 고개를 설레설레 젓고는 한숨을 푹 쉬며
말했습니다.
"하지만 나는 이 병을 치료할 능력이 없단다. 나보다 뛰어난
다른 의사를 찾는 수밖에 달리 방법이 없구나."
절망에 빠진 아기 소나무는 엉엉 울기 시작했습니다.
그 순간, 한 줄기 바람이 휙 불어오더니 아기 소나무의
머리를 손으로 톡 치면서 나무라듯 말했습니다.
"졸지 마라! 감기 걸릴라."
아기 소나무가 흠칫 놀라 정신을 차리고 보니, 방금 겪은
일들이 죄다 꿈이 아니겠어요?
아기 소나무는 거슴츠레한 눈으로 맨 먼저 자기 몸을
내려다보았습니다.
아, 못생긴 내 외투! 다행히도 나무껍질은 여전히
아기 소나무의 몸을 감싼 채 붙어 있군요!

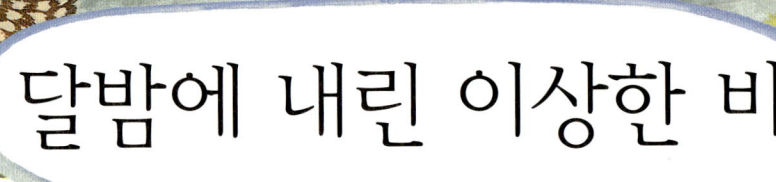

# 달밤에 내린 이상한 비

어느 맑게 갠 날 아침, 유칼립투스 숲 속에서 걸어 나온 꼬마 원숭이가 이웃 마을에 사는 꽃사슴과 우연히 마주쳤습니다.
"아기 사슴아."
꼬마 원숭이가 말을 걸었습니다.
"간밤에 자정이 넘어 비가 내렸는데 너는 비에 젖지 않았니?"
"그게 무슨 소리야?"

꽃사슴은 몹시 어리둥절했습니다.

"간밤에는 잠을 자지 않아서, 하늘에 떠 있는 밝은 달을 내 눈으로 똑똑히 보았는걸!"

"아니, 그…… 그럼, 내 말이 거짓이라는 말이냐?"

꼬마 원숭이는 화가 나서 말을 더듬거렸습니다.

"보다시피 내 몸이 아직도 젖어 있는걸!"

"그것은 아마 네가 장난을 치다가 강물에 텀벙 빠져서 젖게 된 것이겠지, 하하하."

꽃사슴은 말을 마치고 크게 웃으며 다른 길로 가 버렸습니다.

꼬마 원숭이는 속이 몹시 상했습니다.

자기는 결코 거짓말을 한 것이 아닌데 꽃사슴에게 비웃음을 당하다니, 이런 억울한 일이 또 어디 있겠어요!

꼬마 원숭이는 씩씩거리며 다짐을 했습니다.

"오냐, 오늘 밤에 비가 다시 내리면, 내 반드시 꽃사슴한테 가서 잠을 깨워 어디 내 말이 참말인가 거짓말인가 직접 자기 눈으로 보게 할 테다!"

그날 밤 자정 무렵이 되었을 때, 후드득후드득 떨어지는 빗소리에 꼬마 원숭이는 다시 잠에서 깨어났습니다.
"야호! 비가 또 내린다!"
신바람이 난 꼬마 원숭이가 환호성을 지르면서 꽃사슴네 집으로 달음박질쳤습니다.
꽃사슴이 꼬마 원숭이의 떠드는 소리에 깨어 일어나 고개를 들고 하늘을 바라보더니 뾰루퉁하게 쏘아붙였습니다.
"너는 근거 없이 무슨 소리를 마구 지껄이는 거냐? 게다가 하늘도 한 번 쳐다보지 않고!"
꼬마 원숭이는 고개를 들어 하늘을 올려다보고는 그만

어안이 벙벙해지고 말았습니다.

하늘에는 둥근 달이 밝은 빛을 내며 그를 향해 환히 눈웃음을
치고 있지 않겠어요!

"하지만 내가 사는 곳에는 틀림없이 비가 내리고 있어. 너도
가서 보면 알게 될 거야."

꼬마 원숭이는 다짜고짜 꽃사슴을 잡아끌고 자기 동네로
데려갔습니다.

유칼립투스 숲에 도착하니, 이번에는 꽃사슴이 어안이
벙벙해지고 말았습니다. 여기에는 진짜 비가 내리고 있는
중이었으니까요!

그것도 기세 좋게 후드득후드득 쏟아져 내리고 있지 않겠어요!
이것이 도대체 어떻게 된 일이란 말입니까?

"너희, 이 한밤중에 여기서 빈둥거리다니 웬일이냐?"

나무 위에서 야간 당직을 서고 있던 부엉이 아저씨가
물었습니다.

꼬마 원숭이와 아기 꽃사슴은 달밤에 괴상한 비가 와서 영문을
모르겠다고 말했습니다.

부엉이 아저씨가 웃으면서 말했습니다.
"이상할 것이 뭐가 있느냐? 비는 유칼립투스 숲이 내리게 하는 것이란다."
"유칼립투스 숲이 비를 내리게 할 수 있다고요?"
꼬마 원숭이와 꽃사슴이 이구동성으로 물었습니다.
"그럼!"
부엉이 아저씨는 다음과 같이 설명해 주었습니다.
"유칼립투스 숲만이 아니라 다른 나무들도 빽빽한 숲을 이루면 역시 비를 내릴 수 있단다. 원래 나무는 뿌리를 통해 땅속에 있는 물기를 빨아들였다가 잎을 통해 몸 바깥으로 물기를 증발시키게 되지. 나무들이 수분을 흡수해서 끊임없이 증발시키는 까닭에 숲 안팎의 공기는 습도가

올라가게 돼. 그러다 밤이 되어 기온이 떨어지면, 공기 속에 증발되어 있던 수증기가 엉겨 붙어 물방울을 이루게 되고, 이 물방울들이 나뭇잎과 가지 위에 붙어 있다가 그 무게가 점점 늘어나 마침내 어떤 한계에 도달하면, 나뭇잎과 나뭇가지에 더 이상 매달려 있지 못하게 된 물방울들이 밑으로 떨어지게 된단다. 이것이 바로 유칼립투스 숲이나 울창한 밀림 지대가 비를 내리게 하는 이치란다!"
"아하, 그래서 그랬구나!"
깨끗이 의문을 씻은 꼬마 원숭이와 꽃사슴은 밝은 표정으로 정답게 서로 어울려 한 덩어리가 되었습니다.

# 사막의 정복자 버드나무

어느 맑은 날, 엄마 버드나무는 한 가지 소문을 들었습니다. 사람들이 버드나무 씨앗을 사막으로 보내 그곳에서 사막의 마왕들과 싸우도록 한다는 것이었습니다.

소문은 곧 퍼져 나갔습니다.

"사막은 어떤 곳이에요?"

"마왕들은 어떤 모습을 하고 있나요?"

버드나무 씨앗들이 엄마 버드나무를 둘러싸고 앞다투어
물었습니다.
엄마 버드나무가 씨앗들에게 말했습니다.
"사막은 아주 넓단다. 모래 말고는 아무것도 보이지 않아.
모래가 쌓이고 쌓여 모래산을 이루고 모래산들은 바다의
파도처럼 물결치지. 저 멀리 바라보면, 하늘 끝이 모래에 닿아
있고 또 모래 끝은 하늘에 닿아 있고, 그야말로 모래의
바다야……."
"그곳에는 물이 없나요?"
씨앗 하나가 끼어들며 말했습니다.
"있기는 있지만 아주 적어."
엄마 버드나무가 말했습니다.
"바다에서 생기는 수증기가 그곳까지 미치지 못하기 때문에
사막은 아주 메말라 있거든. 낮에는 햇볕이 쨍쨍 내리쬐어
모래가 뜨겁게 달구어지지만 밤이 되면 기온이 갑자기 떨어져
아주 추워지지. 뿐만 아니라 사막에는 열풍 마왕과 유사 마왕이
살고 있기 때문에 곡식이나 나무들은 감히 뿌리를

내리고 살 엄두를 못 낸단다."

"열풍 마왕과 유사 마왕이 그렇게 사나운가요?
어떻게 남을 해치지요?"

다른 씨앗 하나가 낮은 소리로 물었습니다.

"열풍 마왕이란 불처럼 뜨거운 공기란다. 그리고 유사 마왕은
흘러 다니는 모래야. 열풍 마왕은 유사 마왕을 데리고 사막을
휘젓고 다니면서 못된 짓을 일삼지. 두 마왕은 가는 곳마다 물이
모두 마르게 하고 집, 나무, 곡식들을 몽땅 집어삼켜 버린단다."

"저런 못된 놈들! 기어이 놈들과 싸워 혼내 주고 말 테다!"

씨앗들이 모두 분개하여 주먹을 불끈 쥐었습니다.

어느 봄날, 사람들은 비행기를 이용해 버드나무 씨앗들을
사막에 뿌렸습니다.

유사 마왕이 씨앗을 보고는 비웃으며 말했습니다.

"웬 놈들이냐? 감히 내 땅에 발을 들여놓다니!"
"우리는 버드나무 씨앗이다. 사람들의 명령을 받고 너를 붙잡아 꼼짝 못 하게 하려고 왔다!"
씨앗 하나가 용감하게 대답했습니다.
"뭐야? 나를 붙잡겠다고? 아주 겁이 없는 놈들이군! 내가 얼마나 무서운지 똑똑히 보여 주지!"
말이 끝나기가 무섭게 유사 마왕이 달려들어 버드나무 씨앗을 몽땅 삼켜 버렸습니다.
그 후 어느 날, 사막에 비가 내렸습니다.

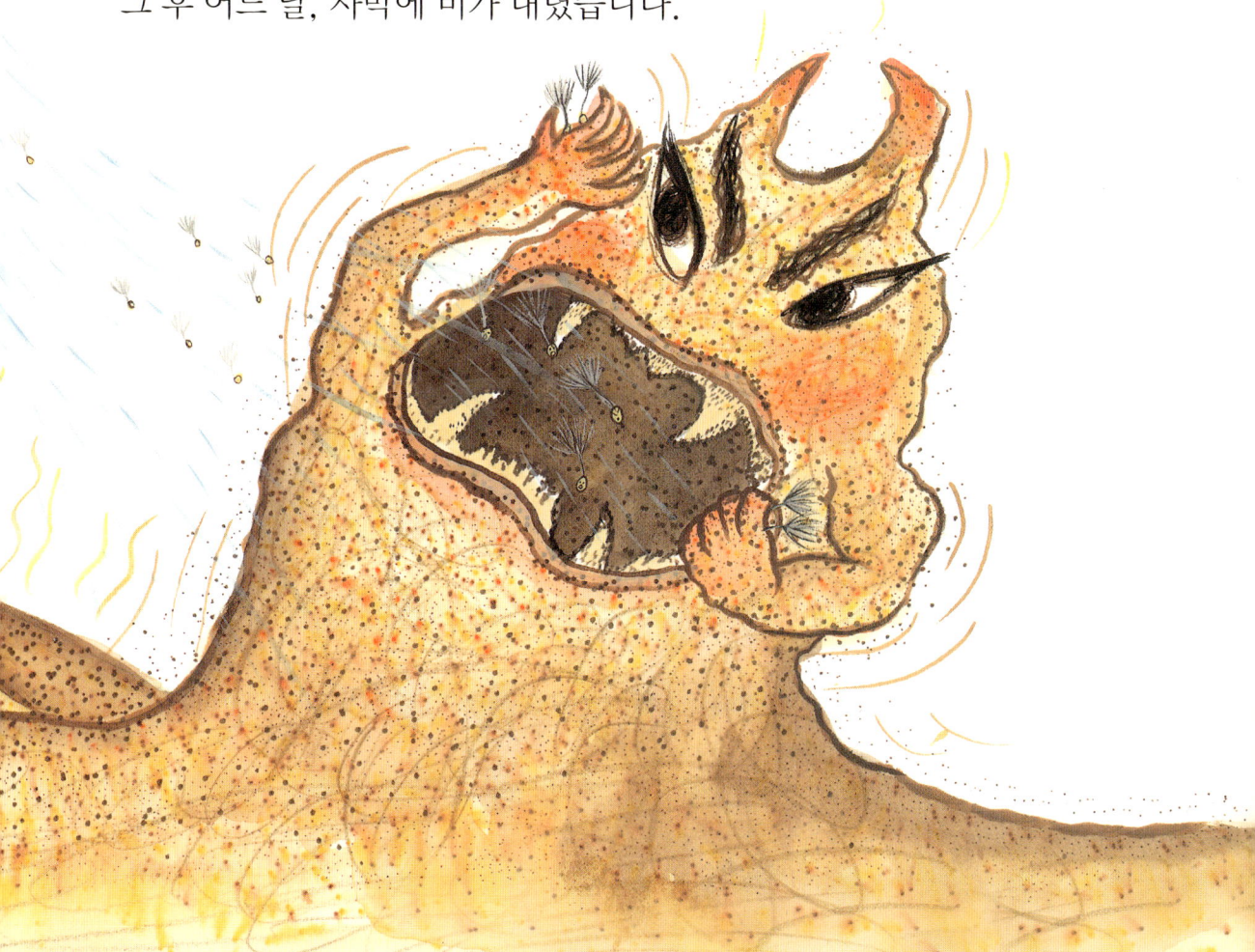

모래 밑에 파묻혀 있던 버드나무 씨앗들은 기다렸다는 듯이 물을 빨아들여 단 몇 시간 만에 싹을 틔웠습니다.
유사 마왕은 죽은 줄로만 알았던 씨앗에서 싹이 솟아오르자 급하게 열풍 마왕을 불렀습니다.
열풍 마왕은 갓 솟아오른 어린 싹을 보고 나서는 코웃음을 쳤습니다.
"흥, 요 쪼끄만 것들이 무슨 힘이 있을라고! 내 뜨거운 입김 한 방으로 모조리 말라 죽게 만들겠어!"

열풍 마왕이 '훅' 하고 뜨거운 입김을 불어 대자 유사 마왕도
뒤질세라 모래를 뜨겁게 달구었습니다.

어린 버드나무 싹들은 목이 타는 듯 말랐지만 물 한 방울도 찾을
수가 없었습니다. 어린 버드나무들은 포기하지 않고 물을 찾아
뿌리를 더욱 깊이 뻗어내렸습니다.

마침내 뿌리가 땅속 깊이 숨은 물에 닿자 어린 버드나무들은
아주 빠르게 커 갔습니다.

유사 마왕이 놀라 허둥대며 열풍 마왕에게 화를 냈습니다.

"이봐! 일을 어떻게 이 따위로 하는 거야! 결국 저것들이 물을
찾도록 도와준 꼴이잖아."

열풍 마왕은 더욱 사나워졌습니다.

"잘 봐. 내가 저놈들을 깡그리 없애고야 말 테니!"

열풍 마왕은 버드나무 몸의 물기를 모두 말려 버리려는 것처럼
미친 듯이 휘몰아쳤습니다.

버드나무들은 또다시 타는 듯한 목마름에 몹시 괴로워해야
했습니다.

"좋아, 얼마든지 불라지! 힘에는 힘으로 상대해 주겠어!"

용감한 버드나무 형제들이 힘을 합치기 시작했습니다.

깊이 내린 뿌리를 서로 뒤얽어 한 몸을 만들었습니다.

"으악!"

유사 마왕이 비명을 내질렀습니다.

"움직일 수가 없어. 저놈들 뿌리가 그물처럼 날 붙들고 있어! 열풍 마왕, 어서 와서 나를 좀 구해 줘!"

싸움은 쉼 없이 계속되었습니다.

이미 사기가 오른 버드나무들은 뿌리를 더욱더 힘차게 뒤얽어 유사 마왕을 꼼짝 못 하도록 붙잡았습니다.

마침내 유사 마왕은 버드나무 형제들에 의해 붙잡히고 짓밟혀 더 이상 움직일 수 없게 되었습니다.

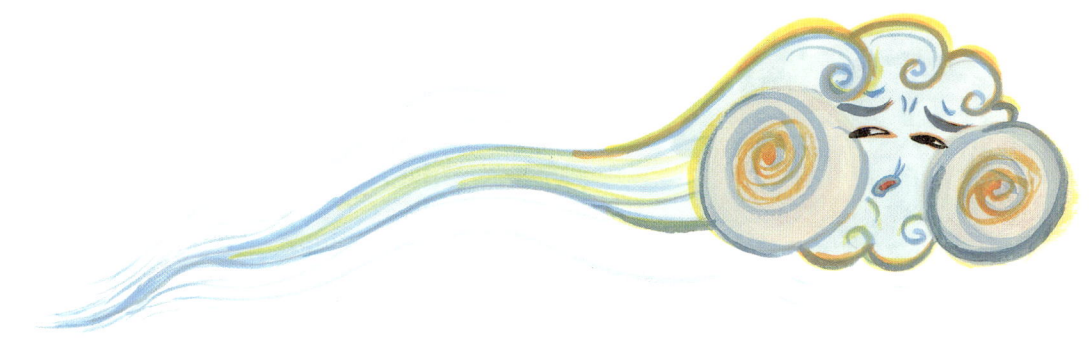

열풍 마왕도 결국 포기하고 슬며시 꽁무니를 뺐습니다.
해가 바뀌자 버드나무 형제들은 벌써 어른이 되어 자기들의
씨앗을 갖게 되었습니다.
사막의 하늘 위로 버드나무 씨앗들이 바람을 타고 퍼져 나갔고,
씨앗들은 가는 곳마다 뿌리를 내리고 살아가기 시작했습니다.
오래지 않아 사람들은 다시 복숭아나무와 자두나무 들을
버드나무가 사는 곳 근처에 옮겨 심었습니다.
사막은 이제 모래의 바다가 아니라 녹색의 바다로 바뀌었지요.

# 식물은 잎, 줄기, 뿌리로 나누어요

식물의 잎, 줄기, 뿌리에서는 성장을 위해 많은 일들이 일어나요.
식물 성장의 비밀은 잎, 줄기, 뿌리에 숨겨져 있어요.

## 줄기가 하는 일

줄기는 우리 몸의 핏줄과 같아요.
양분과 물이 식물 전체로 퍼지게 해요.

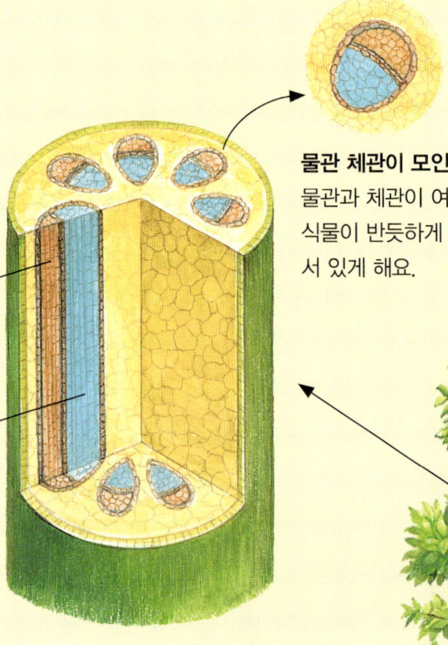

**물관 체관이 모인 관다발**
물관과 체관이 여러 개 모여
식물이 반듯하게
서 있게 해요.

**양분이 다니는 체관**
잎에서 만든 양분이 뿌리로
내려가는 길이에요.

**물이 다니는 물관**
뿌리에서 빨아들인 물이나
양분이 다니는 길이에요.

## 뿌리가 하는 일

뿌리는 땅속의 양분과 물을
빨아들여요. 땅속에 깊이 박혀서
식물이 쓰러지지 않게 받쳐 주어요.

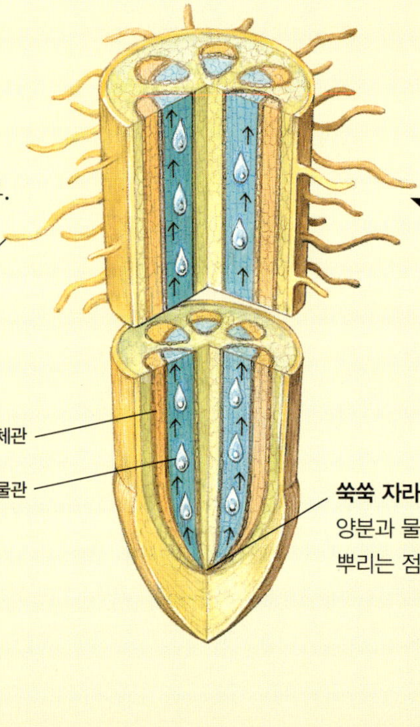

**물과 양분을 먹는 뿌리털**
흙 속의 물과 양분을
빨아들여요.

**물과 양분이 다니는 물관과 체관**
뿌리 끝에서 줄기와
잎으로 이어져요.

체관
물관

**쑥쑥 자라는 생장점**
양분과 물을 빨아들이려고
뿌리는 점점 깊이, 멀리 자라요.

## 잎이 하는 일

잎은 우리 몸의 소화 기관이나 호흡 기관과 같아요. 필요한 양분을 만들고 숨을 쉬지요.

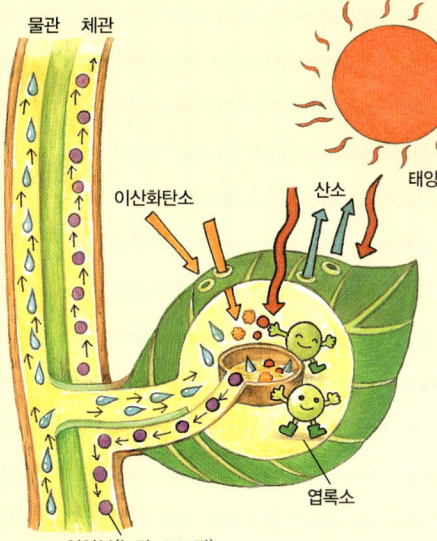

**양분을 만드는 광합성 작용**
햇빛이 비치는 낮 동안 기공을 통해 들어온 이산화탄소와 뿌리에서 온 물을 섞어서 녹말이나 포도당 같은 양분을 만들고 산소를 내보내요.

**물을 내보내는 증산 작용**
우리가 오줌을 누듯 식물도 뿌리로 빨아들인 물을 다 쓰면 수증기로 내보내고 새로운 물을 뿌리에서 다시 끌어올려요.

**숨을 쉬는 호흡 작용**
동물들처럼 식물도 숨을 쉬어요. 밤에는 동물들처럼 산소를 빨아들이고 이산화탄소를 내뿜어요.

참나무

### 간단 실험실

**앗! 물이 생겼어요**

집에서 키우는 식물의 잎 부분을 비닐로 감싸서 하룻밤을 두세요. 그러면 비닐 안쪽에 물이 생겨요. 잎이 증산 작용으로 내보내는 수증기가 비닐 안쪽에 물방울로 맺혔기 때문이에요. 보통 때는 안 보이지만 이렇게 하면 눈으로 직접 볼 수 있어요.

31

# 꽃이 많이 피는 계절

따스한 봄볕 아래 꽃들이 만발하고 새들이 지저귑니다.
나무 위에서 사는 동고비와 풀밭에서 사는 뜸부기가 오랜만에 만나 서로 밀린 이야기를 주고받다가, 이윽고 꽃 이야기를 시작하게 되었습니다.
"꽃이 제일 많이 피는 계절은 바로 지금이지."
동고비가 자신 있게 말했습니다.

"백양나무랑 자작나무 가지에 이삭처럼 늘어진 꽃들도 있고, 단풍나무 가지에 모자 깃처럼 솟은 꽃들도 있고, 버드나무 가지에 꾀꼬리처럼 앉아 있는 꽃들도 있고……."
"무슨 소리야! 꽃이 제일 많이 피는 계절은 여름이야!"
뜸부기가 동고비의 말허리를 자르고 반박했습니다.
"도라지, 엉겅퀴, 토끼풀, 연꽃 등등 거의 모든 꽃이 더운 여름에 핀다고!"
"아니야, 봄에 더 많이 피어!"
"아니야, 여름에 더 많이 피어!"
한참 말다툼을 했지만 결론을 내리지 못한 동고비와 뜸부기는 친구들에게 누구 말이 맞는지 물어보기로 했습니다.
동고비는 가문비나무 숲에 사는 멧새를 데려왔고, 뜸부기는 시냇가에 사는 도요새를 데려왔습니다.
"동고비의 말이 맞아."
멧새가 딱 잘라 말했습니다.
"봄에는 소나무, 낙엽송, 노간주나무 등등 거의 모든 식물의 꽃이 피거든."

"아니야, 뜸부기의 말이 맞아."
도요새가 반박했습니다.
"바닷가의 해당화도 여름에 꽃이 피고, 호수 위의 개구리밥도 여름에 꽃이 피고, 도깨비바늘, 나리도 여름에 꽃이 피지. 여름이 봄보다 꽃이 더 많아."
"아니야, 봄에 더 많이 피어!"
"아니야, 여름에 더 많이 피어!"
멧새와 도요새도 아무런 결론을 얻지 못했기 때문에, 다른 친구들을 불러와서 물어보기로 했습니다.

동고비는 숲 속으로 날아가서 꾀꼬리를
데려왔고, 뜸부기는 들판으로 날아가서 꿩을
데려왔습니다.
"동고비의 말이 맞아."
꾀꼬리가 자신 있게 말했습니다.
"봄에는 거의 모든 작은 나무가 꽃을 피우지. 앵두나무,
자두나무, 모과나무, 딸기나무, 심지어 화분에 심어진
작은 관목들까지도 봄이 오기를 기다렸다는
듯이 방울처럼 예쁜 꽃을 활짝 피운단다."

"아니야, 뜸부기의 말이 맞아."
꿩이 반박했습니다.
"지금보다는 여름에 더 많은 꽃을 볼 수 있어. 미나리, 원추리, 초롱꽃, 노루발풀, 도둑놈의갈고리 등등 거의 모든 꽃이 다 여름에 피거든. 여름에는 어디를 가나 꽃 세상이야."
또다시 말싸움이 벌어졌습니다.
마침 이들의 떠들썩한 말싸움 소리를 듣고 까마귀가 날아왔기에 망정이지, 그러지 않았으면 말싸움이 언제

끝날지 알 수 없을 뻔했습니다.

총명하고 아는 것이 많은 까마귀는 차분한 목소리로 이렇게 설명해 주었습니다.

"식물 중에서 나무들은 봄에 꽃이 많이 피고, 풀들은 여름에 꽃이 많이 핀단다. 동고비랑 멧새랑 꾀꼬리는 나무 위에서 살기 때문에 봄에 더 꽃이 많이 핀다고 생각한 것이고, 뜸부기랑 도요새랑 꿩은 땅 위에서 살기 때문에 여름에 더 꽃이 많이 핀다고 생각하게 된 것이란다."

# 땅콩은 참 이상도 하지

봄이 왔습니다.

병아리는 땅속에 땅콩을 심었습니다. 얼마 되지 않아 땅콩은 싹을 틔웠습니다.

푸릇푸릇한 땅콩의 싹은 갓 나온지라 키가 무척 작았습니다.

병아리는 속으로 생각했습니다.

'내가 저 싹을 잡아당기면 키가 좀 커지지 않을까?'

병아리는 망설이던 끝에 결심을 하고 땅콩의 싹을
움켜쥐었습니다.
그때 마침 지나가던 아기 염소가 병아리를
가로막으면서 타이르듯 말했습니다.
"땅속에 심은 곡식은 스스로 자라나게 해야 돼. 그렇게
억지로 늘리려고 해 봤자 헛수고야. 그러다 뿌리째
뽑혀 나오기라도 하면 말라 죽고 만다고."
병아리가 물었습니다.
"이 땅콩은 너무 작아. 도대체 키가 크지를 않으니
어떻게 된 노릇이지?"
아기 염소가 대답했습니다.
"염려하지 마. 땅콩의 싹은 자기 힘으로 자라서
꽃을 피우고 열매를 맺을 테니까."
머지않아 땅콩의 싹은 조금 더 키가
자랐습니다.
그러나 꽃은 피어나지 않았습니다.

병아리는 급한 마음에 아기 염소네 집으로 부랴부랴
달려갔습니다.
아기 염소가 물었습니다.
"무슨 일이니?"
병아리가 말했습니다.
"내가 심은 땅콩에서 도무지 꽃이 피지 않는데 내가 안 급하게
되었어?"
아기 염소가 말했습니다.
"그래? 그건 왜 그런지 나도 잘 모르겠네. 우리 함께
고슴도치 할아버지한테 가서 물어보자."
아기 염소하고 병아리는 고슴도치 할아버지에게 갔습니다.
고슴도치 할아버지는 병아리의 이야기를 듣고는 껄껄 웃으며
말했습니다.
"원 녀석, 성미도 급하군! 땅콩을 심은 지 이제 겨우 두 달이
지나지 않았느냐? 두 달쯤은 별로 긴 시간이 아니야. 때가 되면
땅콩 스스로가 알아서 꽃을 피울 테니까 아무 걱정하지 마라."
여러 날이 지나갔습니다.

땅콩의 싹에서 아름다운 노란색 꽃이 피어났습니다. 병아리는 기뻐서 어쩔 줄을 몰랐습니다. 병아리는 이 기쁜 소식을 곧 자기가 알고 있는 모든 동물에게 전했습니다.

아기 염소랑 고슴도치 할아버지 등 많은 동물이 병아리와 기쁨을 나누기 위해 모여들었습니다.

모두 노란 꽃 주위에 둘러앉아 노래 부르고 춤을 추며 즐겁게 놀았습니다.

가을이 되었습니다.

아기 염소는 배추 잎을 따다가 병아리에게 주었습니다.
병아리는 배추 잎을 맛있게 먹으면서 말했습니다.
"고마워. 땅콩 열매가 열리면 꼭 너를 부를게."
병아리는 노란 꽃을 피운 땅콩을 아침저녁으로
살펴보았습니다.
그런데 꽃은 많이 피건만 어찌 된 일인지 열매는 열리지 않는
것이었습니다.
고슴도치 할아버지는 벌레를 잡아서 병아리에게 가져다
주었습니다.
병아리는 벌레를 맛있게 먹으면서 말했습니다.
"고마워요, 고슴도치 할아버지. 땅콩 열매가 열리면 꼭
할아버지를 부를게요."
고슴도치 할아버지와 병아리는 땅콩이 자라고 있는 땅을
유심히 살펴보았습니다.
참 이상도 합니다.
노란 꽃은 벌써 시들어 가는데 남아 있는 것은 땅 위에 축
늘어져 있는 긴 자루뿐이었습니다.

열매는 어디에도 보이지 않고 말입니다.

아기 원숭이는 불그스름하고 커다란 감을 병아리에게 보내 주었습니다. 또 아기 토끼는 푸릇푸릇하고 신선한 오이를 보내 주었습니다.

병아리는 자기가 심은 땅콩이 어서 열매 맺기를 간절히 바랐습니다. 그래야 이 고마운 동물들에게 땅콩을 한 아름씩 보낼 수 있을 테니까요.

병아리는 땅콩 줄기들을 하나하나 이 잡듯이 뒤졌습니다.

그러나 아무리 뒤져도 땅콩 줄기들에는 땅콩이 달려 있지 않았습니다.

도대체 땅콩의 열매는 어디에 있는 것일까요?

병아리는 땅바닥에 털썩 주저앉아 엉엉 울었습니다. 병아리의 울음소리를 듣고 아기 염소랑 고슴도치, 원숭이, 토끼 등 모두가 달려왔습니다.

그들은 한결같이 걱정에 찬 소리로 물었습니다.

"병아리야, 무슨 일로 그렇게 울고 있니?"
병아리가 말했습니다.
"내가 심은 땅콩은 정말 이상해. 꽃은 피우면서 열매는 맺지 않는단 말이야. 그러니 내가 속이 상하지 않을 수 있겠어?"
고슴도치 할아버지가 눈을 비비더니 땅에 쪼그리고 앉았습니다. 모두 고슴도치 할아버지를 지켜보았습니다.
고슴도치 할아버지가 부드러운 진흙을 파헤치기 시작하자 잠시 후 흙 속에서 무엇인가 보이기 시작했습니다.
"앗! 저게 뭐지? 땅콩 열매가 흙 속에 있었구나!"
병아리랑 다른 동물들이 모두 환하게 웃었습니다.

그러고는 동물들은 부지런히 땅콩을 캐기 시작했습니다.
고슴도치 할아버지가 말했습니다.
"땅콩은 땅속에서 열매를 맺는단다. 땅에서 나는 콩이라고 해서 이름이 땅콩이란다."

# 생물 시계

아침 일찍 잠에서 깨어난 아기 꿀벌의 머리맡에는 두 통의 예쁜 엽서가 배달되어 있었습니다.

한 통은 채송화가 자기 집 잔치에 아기 꿀벌을 초대하는 엽서였고, 다른 한 통은 분꽃이 초대하는 엽서였습니다.

공교롭게도 두 초대장에는 잔치가 열리는 시간이 언제인지 적혀 있지 않았습니다. 신바람이 난 아기 꿀벌은 이것저것

따져 볼 생각도 하지 않고 서둘러 집을 나섰습니다.

"꼬끼오오오!"

"째잭 째잭잭!"

멀리서 새벽닭이 울고, 나뭇가지에서는 참새가 지저귑니다.

꽃 마을에 도착하니, 온갖 꽃이 아기 꿀벌을 반갑게 맞아 주었습니다.

떠들썩한 나팔꽃은 새벽 공기를 가르고 요란하게 나팔을 불어 댔고, 발랄한 들장미는 큰 입을 쫙 벌리고 환한 웃음을 지었고, 예의 바른 해바라기는 다소곳이 고개 숙여 인사를 했습니다.

"꿀벌아, 이리 와서 나하고 놀자!"

"꿀벌아, 우리 집에 먼저 들렀다 가렴!"

그렇지만 아기 꿀벌은 꽃들의 제의를 정중히 사양했습니다.

"고맙지만, 약속이 있어요. 채송화랑 분꽃이 오늘 저에게 초대장을 보냈거든요. 아마 지금쯤 제가 오기를 몹시 기다리고 있을 거예요."

아기 꿀벌은 먼저 채송화네 집으로 찾아가서 문을 두드리며 소리쳤습니다.

"채송화 언니, 꿀벌이 왔어요! 문 좀 열어 주세요!"
그러나 아무리 불러도 문은 열리지 않았습니다.
도대체 어찌 된 일일까요?
하는 수 없이 아기 꿀벌은 발길을 돌려 이번에는
분꽃네 집으로 찾아갔습니다.
그러나 분꽃은 세상 모르고 쿨쿨 잠만 자고 있었습니다.
"분꽃 아가씨, 얼른 일어나요! 아침 해가 벌써 떠올랐는데,
초대를 해 놓고 이렇게 늦잠을 자고 있으면 어떻게 해요?"

아기 꿀벌이 분꽃을 흔들어 깨웠지만, 분꽃은 아무 대답도 하지
않고 몸을 한 번 뒤척이더니, 한숨 더 떠 드르렁드르렁 코까지
골기 시작했습니다.
해님은 점점 하늘 높이 올라가는데, 아기 꿀벌은 이른 아침부터
바삐 돌아다니기만 했지 잔칫집에 와서 달콤한 꽃물을
한 모금도 얻어 마시지 못해 속이 무척 상했습니다.
"아하하!"
난데없는 웃음소리에 아기 꿀벌이 놀라 바라보니, 참새가
나뭇가지에 걸터앉아 이쪽을 쳐다보며 웃고 있었습니다.

아기 꿀벌은 은근히 화가 치밀어 퉁명스럽게 쏘아붙였습니다.
"야, 이 심술쟁이야! 남은 초대받은 잔치랍시고 왔다가
허탕을 쳐서 속상해 죽겠는데, 너는 뭐가 그리 좋다고
낄낄거리냐?"
"꿀벌아, 지금이라도 집에 돌아가서 한숨 더 자 두지 그러니?"
참새가 안됐다는 듯이 말하자, 아기 꿀벌은 발끈 성을 내며
대꾸했습니다.
"우리 꿀벌 가문은 부지런하기로 소문난 집안인데, 밝은 대낮에
어찌 잠을 잔다는 말이냐?"
"그렇다고 잔치가 열리는 시간도 모르고 아무 때나 쏘다니면
어떡하니?"
"초대장에는 시간이 적혀 있지 않았는데 난들 어쩌란 말이야!"
"꽃들은 저마다 꽃잎을 여는 시간이 정해져 있거늘, 너는 그런
것도 모르는 것을 보니 틀림없이 공부는 안 하고 놀기만
좋아하는 게으름뱅이로구나."
참새의 따끔한 비판을 듣고 아기 꿀벌은 깜짝 놀라서 두 눈이
휘둥그레졌습니다.

"뭐라고? 꽃마다 꽃잎을 여는 시간이 정해져 있다고?"

"아무렴! 제대로 꿀을 따고 싶으면, 반드시 꽃이 피는 시간을 알아야 하는 법이야."

참새는 뾰족한 입으로 꽃들을 하나하나 가리키며 자세히 설명했습니다.

"꽃들은 꽃이 피는 시간이 제각각이지. 나팔꽃과 장미꽃은 새벽에, 까마중과 작약, 연꽃은 아침에, 그리고 달맞이꽃은 저녁에……."

"그럼, 채송화랑 분꽃은 도대체 몇 시에 피지?"

"채송화라면 낮에 피는 꽃이고, 분꽃은 오후 다섯 시가 넘어야 비로소 꽃잎이 활짝 열린단다."

참새의 설명을 듣고 있던 아기 꿀벌이 고개를 갸우뚱하면서 물었습니다.

"아기 꽃들은 자명종도 없을 텐데, 누가 시간 맞추어 꽃들을 깨워 주는 걸까?"

"하하, 꽃들은 자기 몸 안에 시계를 가지고 있단다. 과학자들은 그것을 '생물 시계'라고 부르지."

"뭐, '생물 시계'라고? 그렇게 신기한 것이 다 있어? 나한테도 '생물 시계'가 있을까?"

"생물이라면 모두 다 '생물 시계'를 가지고 있단다. 수탉이 새벽녘에 우는 것이나, 나팔꽃이 해 뜨기 전에 나팔을 불듯 꽃잎을 벌리는 것이나, 땅콩 꽃잎이 아침 노을을 맞아 활짝 열렸다가 저녁 어둠이 깔리면 꼭 닫히는 것이나, 이 모두가 몸 안의 '생물 시계'가 언제 일하고 언제 쉬어야 할지를 알려 주기 때문이지."
"아하, 그렇구나!"
아기 꿀벌은 비로소 고개를 크게 끄덕이며 말했습니다.
"그래, 이렇게 하면 되겠군! 우선 다른 꽃들에게 가서 꿀을 딴 후에, 낮이 되면 채송화네 집으로 가서 잔치를 즐기고, 해질 무렵이 되면 분꽃네 집에 찾아가는 거야!"

# 꽃은 때맞추어 피어요

꽃은 정말 똑똑해요. 일 년 가운데 어느 계절에 필지, 하루 가운데 언제 필지를 알고 있거든요.

## 계절에 맞추어 피는 꽃

꽃들은 온도와 밤낮의 길이가 자기에게 알맞은 계절에만 꽃을 피워요. 기온이 높은 때를 좋아하는 꽃은 봄, 여름에 피고, 기온이 낮은 때를 좋아하는 꽃은 가을, 겨울에 피어요.

**봄에 피는 꽃** 겨우내 얼었던 땅이 녹고 온도와 습도가 높아지면 많은 꽃이 싹을 틔우고 꽃을 피워요.

- 4월에 노란 꽃이 피는 개나리.
- 5~6월에 주머니 모양의 꽃이 피는 금낭화.
- 5~6월에 큰 꽃이 피는 작약.
- 4월에 두 송이가 등을 대고 피는 진달래.
- 4~5월에 들에 흔히 피는 제비꽃.

**여름에 피는 꽃** 여름은 햇빛이 강해서 식물이 자라고 꽃 피우기 딱 좋아요. 여름에 꽃이 가장 많은 것도 그 때문이에요.

- 7~8월에 닭 볏 모양의 꽃이 피는 맨드라미.
- 7월 밤 달빛 아래 피어나는 달맞이꽃.
- 6월부터 꽃을 피우는 봉선화.
- 5~9월에 연못이나 늪에 피는 수련.
- 8~9월, 2미터 높이의 줄기에 피는 해바라기.
- 7~8월 이른 아침에 피는 나팔꽃.

## 시간에 맞추어 피는 꽃

식물은 몸속 생물 시계로 피고 지는 때를 알아요. 하루 가운데 자신에게 가장 알맞은 빛의 양과 세기가 되는 시간에 맞추어 꽃을 피우지요.

**가을에 피는 꽃** 꽃가루받이를 돕는 곤충의 수가 줄어드는 가을에 피는 꽃은 곤충에게 잘 띄이게 향기가 진해요.

- 9월에 높이 1미터 정도로 갖가지 색의 꽃을 피우는 국화.
- 6~10월에 꽃잎이 마주나고 깃 모양으로 갈라진 꽃이 피는 코스모스.
- 9~10월, 산과 들에 피어 은은한 향을 내는 들국화.
- 9월, 깊은 산골짜기에 자주색 꽃이 피는 투구꽃.

**겨울에 피는 꽃** 많은 꽃이 씨앗으로 겨울을 나고 봄을 기다려요. 겨울 들녘에는 몇몇 꽃만 피어나지요.

- 12~3월, 비늘줄기에서 나온 꽃줄기 끝에 피는 수선화.
- 1~3월, 따뜻한 해안 지방에 많이 피는 동백꽃.

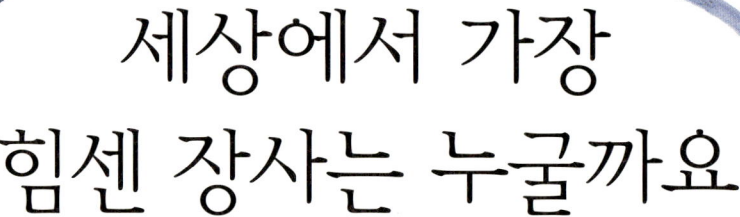

# 세상에서 가장 힘센 장사는 누굴까요

소나무가 가지 위에 소복이 쌓인 눈을 털어 내고, 숲 속의
계곡물은 '졸졸졸' 다시 흥겹게 노래하기 시작합니다.
물가에 살고 있는 개미들이 계곡물의 노래를 듣고는
앞다투어 나무뿌리 밑에서 기어 나왔습니다.
햇볕은 어느새 따스해지고, 얼었던 땅이 녹았습니다.
아기 개미 똘똘이도 신이 나서 개미굴에서 나왔습니다.

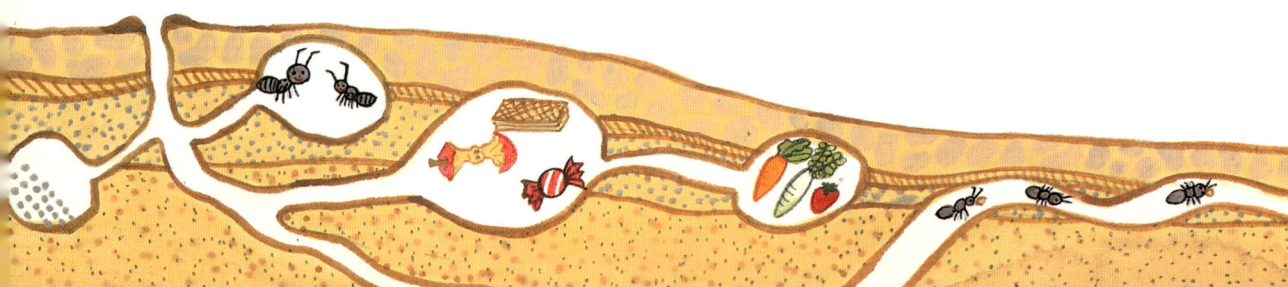

기지개를 켜고 다리 운동을 한 다음, 똘똘이는 혼자 먹을 것을 찾아나섰습니다.

아기 개미 똘똘이는 영차 영차 돌무더기에 기어올라 이리저리 찾아보았지만 눈에 띄는 음식이 없었습니다.

그런데 갑자기 발밑의 돌멩이가 흔들거리더니, 또르르 소리를 내며 작은 돌멩이 하나가 굴러가고 큰 돌멩이 하나가 옆으로 비스듬히 기울어졌습니다.

'무슨 일일까? 지진이라도 난 것일까?'

깜짝 놀란 똘똘이는 얼른 내려와 이리저리 살펴보았습니다.

'아니, 어떻게 이럴 수가!'

큰 돌멩이 옆에 아주 작은 싹이 돋아 있었습니다.

바로 이 연약한 싹이 두 돌멩이의 틈을 뚫고 올라온 것이었지요.

아기 개미 똘똘이가 고개를 숙여 물었습니다.

"너는 누구니? 왜 돌멩이 밑에서 머리를 내밀었지?"

방금 싹이 돋은 씨앗이 작은 소리로 대답했습니다.

"나는 풀이야. 나는 햇빛이 필요하거든."

똘똘이가 또 물었습니다.

"왜 햇빛이 필요한데?"

풀은 몸을 흔들고 배시시 웃으며 말했습니다.

"나에게는 햇빛이 아주 중요해. 햇빛을 보지 못하면 우리는 죽게 돼!"

똘똘이는 잠시 곰곰이 생각하다 말했습니다.

"그러니까 살기 위해서는 햇빛을 받아야 한다 이 말이지? 그래서 열심히 돌멩이 밑에서 뚫고 올라왔고."

풀이 똘똘이에게 말했습니다.

"사실은 내가 엄마 품속에 있을 때 엄마가 말씀해 주셨어. '앞으로 너희는 이 엄마의 품을 떠나게 된단다. 너희는 엄마를 떠나 어느 곳을 가든지 꿋꿋하게 살아가야 해. 설령 자갈밭에 떨어지더라도 결코 실망하지 마라. 어려움을 겁내지 말고, 싹이 틀 때까지 포기해서는 안 돼.'라고 말이야."

"정말 훌륭하신 엄마로구나."

똘똘이가 말했습니다.

"아주 연약해 보이는 네가 햇빛을 받아 살기 위해
저 큰 돌멩이를 흔들어 놓다니, 너는 정말 대단해!"
풀이 말했습니다.
"우리가 온갖 어려움을 이기며 살아남으려 하는 것은
우리에게 아주 소중한 소망이 있기 때문이야."
아기 개미 똘똘이가 눈을 빛내며 물었습니다.
"어서 말해 봐. 네 소망이 뭐지?"
풀이 말했습니다.
"나는 이 대지를 푸르게 만들고 싶어. 파릇파릇 내 싹이
돋아야 세상이 아름다워진다고 생각하면 어떤
고생도 힘들게 느껴지지 않아."
그때 까치 한 마리가 날아와 이리저리 날아다니며
숲 속 친구들에게 한 가지 소식을 알렸습니다.
오늘, 나이가 천 살이 넘은 느릅나무 아래서
대회가 열린다는군요.
누가 제일 똑똑한가를 가려서 봄 처녀가
상을 준다는 것이었습니다.

아기 개미 똘똘이는 생각했습니다.
'참 재미있겠는걸! 나도 가서 참가해야지.'
느릅나무 아래에는 벌써 온갖 동물이 와 모여 있었습니다.

호랑이도 보이고, 이리, 여우, 사자, 또 사슴과 토끼도 보이는군요. 봄 처녀가 싱그럽게 웃으며 동물 친구들에게 한 가지 문제를 냈습니다.

"세상에서 가장 힘센 것이 무엇일까요? 이 문제를 맞히는 분에게 상을 드리겠어요."

봄 처녀의 말이 끝나기가 무섭게 호랑이가 '어흥' 하며 앞으로 나섰습니다.

"힘이라면 나를 당할 자가 없지. 내가 한번 큰 소리로 울면 숲 전체가 벌벌 떨잖아."

그러자 원숭이와 여우가 나서며 말했습니다.

"호랑이의 힘이 세긴 하지만 코끼리나 사자에는 못 미칩니다."

이때 봄 처녀는 지렁이와 개미가 말을 하고 싶어하는 것을 눈치채고 얼른 손을 흔들며 말했습니다.

"여러분, 잠깐만 조용히 해 주세요. 여기 있는 지렁이도 할 말이 있는 모양이에요."
"호랑이, 사자, 코끼리 모두 힘이 세기는 하지만 진짜 장사라고 할 수는 없습니다. 제 생각으로는, 개미야말로 천하장사입니다. 개미는 몸집이 작기는 하지만 자기 몸무게의 몇십 배나 되는 물건을 들 수 있으니까요."

아기 개미 똘똘이가 지렁이의 말을 받아 말했습니다.
"방금 전까지만 해도 저는 지렁이처럼 생각했습니다. 그러나 저는 새로운 사실을 알게 되었습니다. 어린 풀에 비하면 우리 개미의 힘은 그다지 자랑할 만한 것이 못 된다는 것을요."

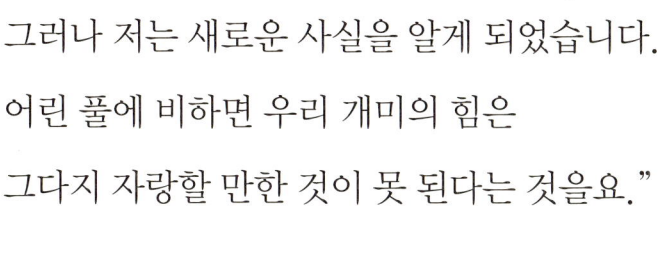

이어서 똘똘이는 풀의 싹이 햇빛을 받기 위해 돌멩이 틈을 뚫고 올라온 사실을 자세하게 이야기했습니다.
똘똘이의 이야기가 끝나자 봄 처녀가 얼굴 가득 웃음을 띠고 말했습니다.
"아기 개미 똘똘이의 말이 맞아요. 좀 더 정확히 말해서, 세상에서 가장 힘이 센 것은 식물의 씨앗이에요. 풀도 식물이니까 풀의 씨앗이 진짜 천하장사라고 할 수 있어요."
이리하여 아기 개미 똘똘이가 일등을 하게 되었습니다.

# 잣나무의 근심

잣은 엄마 잣나무의 사랑스런 아기랍니다. 가을이 되자 엄마 몸에 붙어 있던 잣들도 통통하게 살이 올랐습니다.

하지만 엄마 잣나무는 잣이 여물어 갈수록 한 가지 근심이 깊어 갔습니다.

탐스러운 잣송이를 바라보며 엄마 잣나무는 자기도 모르게 한숨을 지었습니다.

"엄마, 왜 한숨을 쉬세요?"
이제 거의 다 여문 잣이 물었습니다.
엄마 잣나무는 잣들을 정이 듬뿍 담긴 눈빛으로 휘둘러보고는
말했습니다.
"너희도 이제 다 컸구나. 섭섭하지만 곧 엄마 곁을 영원히
떠나가겠지……."
"슬퍼하지 마세요, 엄마. 전에 엄마가 말씀하셨잖아요. 여러
곳으로 흩어져 흙 속에 묻혀야만 어엿한 잣나무로 자랄 수
있다고요."
"너희가 엄마 곁을 떠난다고 슬퍼하는 것이 아니란다.
사실은……."
엄마 잣나무는 말을 하다 말고 다시 한숨만 내쉬었습니다.
그때 다람쥐 한 마리가 엄마 잣나무의 손바닥 위로 쪼르르
올라와서는 엄마 잣나무가 품고 있는 잣들을 노려보았습니다.
아니, 무슨 짓을 하려는 걸까요?
다람쥐는 잣들을 향해 한 걸음 한 걸음
다가왔습니다.

"엄마!" 하고 잣들이 놀라 소리쳤지만 다람쥐는 인정사정없이 잣 한 알을 꿀꺽 먹어 치우고는, 다른 잣들을 따서 광주리에 담기 시작했습니다. 곧 광주리에 잣이 가득 담기자 다람쥐는 잽싸게 나무 아래로 내려가 떡갈나무와 진달래가 섞여 자라고 있는 나무숲으로 숨어들었습니다.

엄마 잣나무는 다람쥐를 물끄러미 바라보며 고통스럽게 말했습니다.

"가엾은 내 아이들! 이제 너희는 엄마를 못 보는구나."

엄마 잣나무는 다람쥐가 정말 미웠습니다.

'저 못된 다람쥐를 사람들이 모두 잡아갔으면……'

속으로 빌고 또 빌었지요.

그러던 어느 날, 숲 속에 팻말 하나가 세워졌는데 그 위에 글씨가 쓰여 있었습니다.

'이것은 틀림없이 사람들이 다람쥐를 모조리 잡아가겠다고 알리는 팻말일 거야.'

엄마 잣나무는 이렇게 생각하며 마침 지나가는 산토끼에게 팻말의 글씨를 읽어 달라고 부탁했습니다. 산토끼가 걸음을 멈추고 팻말 앞에 서서 큰 소리로 읽었습니다.

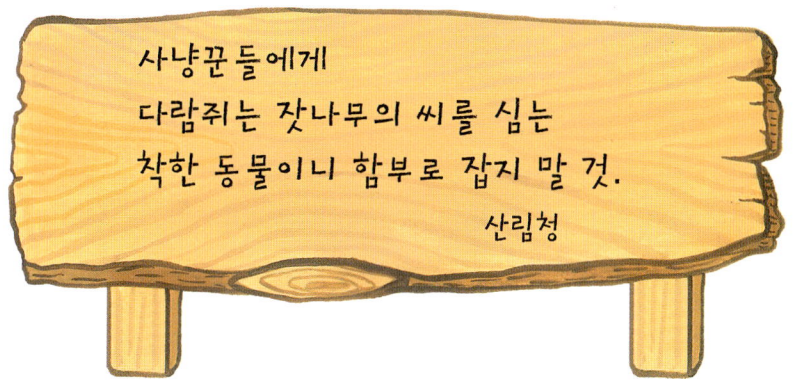

사냥꾼들에게
다람쥐는 잣나무의 씨를 심는
착한 동물이니 함부로 잡지 말 것.
　　　　　　　　　산림청

엄마 잣나무는 깜짝 놀랐습니다.
어찌나 화가 났는지 바람도 없는데 엄마 잣나무의 짧은 머리카락이 마구 흔들렸습니다.
엄마 잣나무는 도무지 이해할 수가 없었습니다.
근처에 있던 다른 엄마 잣나무들도 모두 성을 내며 너도나도 한마디씩 했습니다.
"못된 다람쥐 놈들을 왜 보호한다는 거야?"
"그래요, 다람쥐는 우리 아이들을 마구 먹어 치우는 못된 짐승이에요. 그런데 다람쥐가 우리 잣나무의 씨를 심는 착한 동물이라니!"
"모조리 잡아 없애야 해요!"
"사람들은 왜 그렇게 멍청할까요?"
겨울이 가고 봄이 왔습니다.
엄마 잣나무가 몸을 덮고 있던 눈꽃을 털어 내고 봄바람을 맞이하고 있습니다.
머리에는 어느새 새 머리털이 돋아났습니다.
어느 날 산토끼가 저만치서 소리치며 달려왔습니다.

"잣나무 아주머니, 잣나무 아주머니, 글쎄 아주머니
아이들이……."
엄마 잣나무가 영문을 몰라 하며 물었습니다.
"내 아이들이라고?"
"기쁜 소식이에요."
산토끼가 긴 귀를 흔들며 말했습니다.
"전 오늘 아침 일찍 떡갈나무 숲에 갔었는데, 숲에
들어서자 글쎄 아주머니 아이들이 보이더라고요.
둘씩 셋씩 모여서 씩씩하게 자라고 있다니까요!"
엄마 잣나무는 설레는 가슴으로 물었습니다.
"내 아이들이 왜 거기서 자라게 되었지?
토끼야, 어서 말해 다오!"
"어린 잣나무들은 떡갈나무와 함께 살고 있는데,
떡갈나무가 어린 잣나무들을 귀여워해 주고 있어요.
어린 잣나무들은 아직 작아 뿌리를 깊이 내리지 못했거든요.
그래서 얕은 땅의 양분을 먹고 살아 떡갈나무에 아무런
피해도 주지 않고 있어요."

이야기를 마치고 막 뛰어가려는 산토끼를 엄마 잣나무가 불러 세웠습니다.

"토끼야, 내 아이들이 왜 거기서 자라게 되었는지 모르니?"

산토끼는 눈을 둥그렇게 뜨며 말했습니다.

"아주머니 아이들이 말하던걸요. 다람쥐가 자기들을 떡갈나무 숲에 데려다 주었다고요."

"다람쥐가?"
엄마 잣나무는 자기의 귀를 의심했습니다.
"그럼 다람쥐가 내 아이들을 먹어 치운 것이 아니란 말인가?"
"말하자면 길어요!"
산토끼는 잠시 멈추었다가 설명하기 시작했습니다.
"다람쥐 집이 떡갈나무 숲 근처에 있는 것은 아시지요? 다람쥐는 굴을 파서 한 굴에 세 개에서 여섯 개씩 아주머니 아이들을 묻었어요. 그러니까 잣을 묻어 두었다가 겨울에 배고프면 먹으려고 한 것이지요. 하지만 다람쥐는 잣을 다 먹어 치우지 못했어요. 그러다 날씨가 따뜻해져 굴에서 나와 신선한 음식을 찾아 먹을 수 있게 되자, 아직 남은 잣들을 까맣게 잊고 만 것이에요. 봄이 되자 잣들은 물을 빨아들여 힘을 길러서는 땅을 뚫고 자라기 시작한 거랍니다."
"아, 그렇게 된 일이구나!"
엄마 잣나무의 입가에 행복한 미소가 매달렸어요.

# 꽃들의 중매쟁이

어느 꽃 마을에서 인기투표를 한 결과, 가장 인기 있는 동물로 꿀벌이 뽑혔습니다.

꿀벌이 일등을 차지한 까닭은 부지런히 이 꽃 저 꽃 날아다니면서 꽃가루를 옮겨 암꽃과 수꽃의 중매를 서 주기 때문이었습니다.

이 말을 전해 듣고 기고만장해진 아기 꿀벌은 스스로 자기를

찬양하는 노래를 지어 동네방네 떠들고
다니기 시작했습니다.

부지런한 꿀벌님이 행차하신다.
꽃가루를 옮겨 중매를 서니
어디를 가나 성대한 환영을 받네.
누가 감히 넘볼쏜가 나의 위대함.

아기 꿀벌이 과수원에 날아가 웅웅 노래 부르자,
복숭아나무, 배나무, 사과나무가 너도나도 꿀벌을
환영했습니다.
아기 꿀벌이 이번에는 도시에 날아가 웅웅 노래 부르자,
길가의 가로수들도 일제히 꿀벌을 환영했습니다.
아기 꿀벌이 채소밭으로 날아가 웅웅 노래 부르자,
이번에도 유채꽃, 콩꽃, 자운영꽃이 앞을 다투어
꿀벌을 유혹했습니다.
더욱 우쭐해진 아기 꿀벌은 이번에는 작은

연못가로 날아가서 목청을 한껏 돋우며 노래를 불렀습니다.
하지만 보랏빛 꽃망울을 벌리고 연꽃 옆에 다소곳이 떠 있는
물달개비는 아기 꿀벌을 본체만체하는 것이었습니다.
약이 오른 아기 꿀벌은 거만한 목소리로 말했습니다.
"야, 너는 내 노래가 들리지 않니? 나는 너의 꽃가루를 옮겨 줄
고마우신 손님인데, 그런 성의 없는 태도로 나를 맞았다가는
국물도 없을 줄 알아!"
"너는 번지수를 잘못 찾아왔어."
물달개비가 시큰둥하게 대답했습니다.
"물 위에 떠서 꽃을 피우는 우리 물달개비는 물의 도움을 받아

꽃가루를 옮긴단다. 물이 중매를 서 주는 꽃이라고 해서 우리 같은 꽃을 '수매화'라고 부르지. 너는 여태 그런 것도 몰랐니?"
물달개비의 말에 아기 꿀벌은 얼굴이 새빨개졌습니다.
'아니, 세상에 물도 중매를 서다니, 거 참으로 신기한 일이네!'
아기 꿀벌은 속으로 중얼거리면서 그래도 잘 믿기지 않는 듯 고개를 설레설레 흔들었습니다.
하는 수 없이 아기 꿀벌은 연못을 떠나 이번에는 벼꽃이 핀 논으로 찾아갔습니다.
하지만 한 개의 암술과 꽃가루가 잔뜩 묻은 여섯 개의 수술을 달고 이삭 위에 줄줄이 피어 있는 벼꽃은 꿀벌을 거들떠보지도 않았습니다. 아기 꿀벌은 더욱 열심히 노래를 불렀지만, 벼꽃한테는 꿀벌의 노래가 자기의 명상을 방해하는 소음으로밖에 들리지 않았습니다.
자존심이 상한 아기 꿀벌이 버럭 소리 질렀습니다.

"야, 임마! 내가 꽃가루를 옮겨 주겠다는데도,
너는 어째서 나를 이렇게 푸대접하는 거냐?"
"쯧쯧, 제 분수를 모르는 아이로구나."
벼꽃은 가엾다는 듯이 혀를 차며 말했습니다.
"우리는 너의 도움 따위는 필요 없어. 바람이 우리의
꽃가루를 옮겨 주기 때문이지. 바람이 중매를
서 주는 꽃이라고 우리 같은 꽃을 '풍매화'라고

부른단다. 너는 아직 많이 배워야겠구나."
때마침 불어온 산들바람이 수술 위의 꽃가루들을 암술 위로
날려 주었습니다.
이 광경에 두 눈이 휘둥그레진 아기 꿀벌은 혼잣말로
중얼거렸습니다.
'저런, 세상에 바람도 중매를 서다니, 참 놀라운 일이네!'
무안을 당하고 그 자리를 떠난 아기 꿀벌은 어디로 갈까
망설이면서 풀 죽은 목소리로 웅얼웅얼 노래를 부르다가,
마침 꿀벌과 비슷하게 생긴 새가
공중에 뜬 채 꽃 속으로 파고들어 가고
있는 모습을 발견하고, 가까이 날아가서
물었습니다.
"너는 도대체 무엇을 하는 새니?"
"응, 나는 꽃의 꿀을 빨아 마시면서 꽃가루를
옮겨 주는 벌새란다. 나는 지금 밀짚처럼 생긴 입을
꽃술 속에 찔러 넣어 꿀을 빨고 있던 중이야.

나와 같이 새들의 중매로 꽃가루를 옮기는 꽃들을 '조매화'라고 부른단다."

"앗! 새가 중매 서는 꽃들도 있어?"

저도 모르게 탄성을 지른 아기 꿀벌은 비로소 자기의 지난 행동이 몹시 후회가 되었습니다.

'아, 나는 지금까지 주제넘게도 나만 잘난 줄 알고 철없이 내 칭찬이나 하는 노래를 부르고 다녔구나! 그렇지만 세상에는 꽃들의 중매를 서 주는 친구들이 저렇게 많지 않은가!

그래, 벼가 익으면 익을수록 고개를 숙이듯이, 나도 이제 좀
겸손해져야지!'

얼마 후, 꽃 마을 게시판에는 노랫말을 현상 모집한다는
벽보가 나붙었습니다. 누가 벽보를 붙였느냐고요?

그야 물론 아기 꿀벌이 새로 지어 부를 노래의 가사를 구하기
위해 붙인 것이지요.

# 꽃들은 씨앗을 만들어요

꽃에서 꽃가루받이를 해 씨앗을 만드는 식물이 있어요.
곤충, 바람, 새, 동물 들이 식물의 꽃가루받이를 도와주어요.

# 정원의 비밀 이야기

아이들이 철이 들면 자기 나이를 셈할 줄 알게 됩니다.

나무도 사람과 똑같이 자기 나이를 안답니다.

다만 나무들은 마음속으로 계산하고 쉽사리 입을 열어 말하지 않을 뿐입니다.

믿지 못하겠다고요?

그러면 직접 식물학자를 찾아가 물어보세요.

아니면 여러분의 엄마, 아빠께 여쭈어 보아도 좋고요.
아주 예민한 사람은 나무들이 나누는 대화도 들을 수 있답니다.
깊은 밤, 가벼운 바람이 살랑거리고 사람의 기척이 없을 때면
나무들이 도란도란 이야기를 한다는 거예요.
또 못 믿겠다고요? 저런! 하지만 나는 믿어요!
사실은 우리 집 정원의 늙은 회화나무와 어린 회화나무도 자주
소곤거린답니다. 어린 회화나무는 똑똑한 아이라면 누구나
그렇듯이 궁금한 것이 아주 많은가 봅니다.
아주 맑은 날 밤이었습니다.
가벼운 바람이 살랑거리기 시작하자 어린 회화나무가 머리를
흔들며 속삭이듯 물었습니다.
"회화나무 할아버지, 할아버지는 할아버지 나이를 아세요?"
늙은 회화나무가 대답했습니다.
"그럼! 나는 백오십 살이란다."
"백오십 살이오? 그것을 어떻게 기억하세요?"
"내 기억력이 아주 좋거든. 비록 숫자를 쓰지는 못하지만
그동안 나는 한 살을 더 먹을 때마다 동그라미를 하나씩 그렸지.

지난 해에 그린 동그라미 밖에다 다시 동그라미를 그리는 식으로 말이다. 사람들은 내가 그리는 동그라미를 아마 나이테라고 부른다지? 책에 그렇게 쓰여 있다는구나."
바람이 멎자 나무들의 이야기도 따라서 멎었습니다.
마치 엿듣는 사람이 있나 하고 조심스럽게 주위를 살피는 것 같았어요. 할아버지 회화나무와 어린 회화나무는 아무도 엿듣지 않는다고 생각했는지 다시 이야기를 계속했습니다.
바람이 살랑거리자 어린 회화나무가 또 물었습니다.
"할아버지, 할아버지의 머리카락은 왜 남쪽에는 많고 북쪽에는 적어요?"
늙은 회화나무가 웃으며 말했습니다.
"그것은 말이다. 남쪽이 햇빛을 많이 받아 나뭇잎이 무성하게 자랐기 때문이란다. 물론 햇빛을 적게 받는 북쪽은 나뭇잎이 적지. 그래서 사람들이 숲에서 길을 잃게 되면, 나의 머리를 보고 어느 쪽이 남쪽이고 어느 쪽이 북쪽인지 알아내기도 한단다."
어린 회화나무가 고개를 끄덕였습니다.

"아, 그러니까 할아버지가 나침반 구실을 한다는 이야기잖아요. 그런데 할아버지, 나도 크면 그렇게 사람들에게 방향을 알려 줄 수 있을까요?"

"있고말고. 그러나 요즘은 사람들이 자기들 뜻대로 우리의 가지를 친단다. 일단 사람들한테 가지치기를 당하고 나면 모습이 변해 방향을 가리킬 수 없게 되지. 그렇지만 우리 나무 자신만은 방향을 정확히 알 수 있단다. 우리의 나이테도 정확한 나침반 구실을 하거든. 나이테가 조밀한 쪽이 북쪽, 나이테가 성긴 쪽이 남쪽이란다."

멍하니 듣고 있던 어린 회화나무가 말했습니다.

"나이테로 방향을 정확히 알 수 있을 줄은 꿈에도 몰랐어요. 할아버지, 그럼 저한테도 나이테가 있어요?"

늙은 회화나무가 말했습니다.

"물론, 있고말고! 너에게는 나이테의 동그라미가 일곱 개 있으니까 네 나이는 일곱 살이로구나."

어린 회화나무가 또 물었습니다.

"할아버지는 오래 사셨는데 지나간 일을 다 기억하고 계세요?"

"기억하지! 기억하다마다! 지난 백오십 년 중에서 어느 해에 가뭄이 들었고, 어느 해에 비가 많이 왔고, 또 어느 해가 추웠고 어느 해가 더웠는지, 나는 모두 똑똑히 기억하지. 과학자들도 과거의 기후가 어땠는지 연구할 때는 때때로 나를 찾아와 묻고는 한단다."

"과학자들은 기상 자료를 연구하면 될 텐데 왜 할아버지를 찾아와 묻지요?"

어린 회화나무가 고개를 갸우뚱하며 묻자 늙은 회화나무가 수염을 쓰다듬으며 말했습니다.

"우리 나라에서는 기상 상태를 조사하고 기록한 역사가 길지 않기 때문이란다. 그러니 기록에 없는 더 과거의 기상 상태를 알고 싶으면 나를 찾아올 수밖에."

하지만 어린 회화나무의 질문은 끊이지 않고 계속되었습니다.

"그러면 할아버지는 한 해, 한 해의 기후를 어떻게 기록해 두시는데요?"

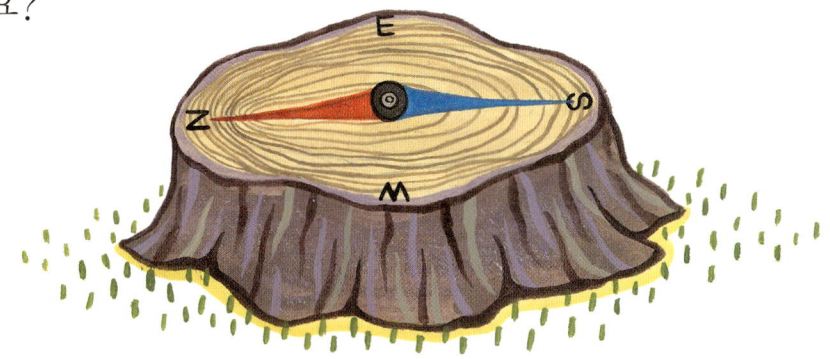

정원의 비밀 이야기 · 87

늙은 회화나무는 한 차례 사방을 둘러보고는 신비롭게 말했습니다.

"그건 비밀인데, 우리 나이테 간격의 좁고 넓음을 이용해 기상 상태를 기록한단다. 너도 알지? 따뜻하고 비가 많이 내린 해는 우리가 많이 자라 나이테 간격이 넓어지고, 반대로 가물고 기온이 낮은 해는 나이테 간격이 좁아지잖아."

어린 회화나무는 약간 의심스러웠는지 또 물었습니다.

"할아버지, 그렇게 기록한 것이 과연 정확할 수 있을까요?"

"정확하다마다! 이것은 과학자들의 연구를 통해 증명된 사실이란다. 과학자들은 여러 해의 기상 자료와 우리 나이테의 좁고 넓음을 비교 연구한 끝에, 좁기도 하고 넓기도 한 우리 나이테의 변화를 보면 기록이 없는 과거의 기상 상태를 알아낼 수 있다는 사실을 깨달은 거야."

어린 회화나무는 신이 나서 말했습니다.

"나이테는 정말 쓸모가 많네요!"

어느새 바람이 멎어 있었습니다.

몰래 엿듣는 사람이 있다고 느꼈는지 늙은 회화나무와 어린 회화나무의 대화도 뚝 그쳤습니다.

정원은 마치 아무 일도 없었다는 듯 다시 고요 속으로 잠겨 들었습니다.

# 겨울나기

날이 갈수록 바람이 세차게 불고 빗줄기가 차가워졌습니다.

겨울이 성큼 다가온 모양입니다.

아기 다람쥐는 일찌감치 겨울을 날 준비를 끝냈답니다.

여름옷을 벗어 버리고 털이 길고 두꺼운 겨울옷으로 갈아입은 것입니다.

그리고 또 착한 아기 다람쥐는 엄마를 도와서 솔방울이랑

버섯도 듬뿍 땄습니다.

솔방울과 버섯은 겨울을 나는 동안 먹을 식량이랍니다.

며칠 동안 계속해서 날씨가 흐리더니 오늘은 마침내 구름이 걷히고 해가 나왔습니다.

하늘이 무척 맑습니다.

엄마 다람쥐가 아기 다람쥐에게 말했습니다.

"아가야, 모처럼 날씨가 개었으니 모아 둔 버섯을 어서 꺼내 오너라. 지금 햇볕에 말려 두지 않으면 곰팡이가 피어서 못 먹게 된단다."

아기 다람쥐는 엄마 말씀대로 부지런히 버섯을 밖으로 가지고 나와 햇볕에 말렸습니다.

그런데 아기 다람쥐가 갑자기 움직임을 멈추고 그 자리에 우뚝 멈추어 섰습니다.

엄마 다람쥐가 이상해서 가까이 가 보았더니, 아기 다람쥐는 걱정스러운 표정으로 앞쪽에 있는 숲을 바라보고 있었습니다.

엄마 다람쥐가 물었습니다.

"아가야, 무슨 일 때문에 그러고 있니?"

아기 다람쥐가 말했습니다.

"엄마, 생각해 보니까, 우리는 겨울나기 준비를 잘했는데 우리하고 친한 나무들은 하나도 못 한 것 같아요. 움직이지를 못하는데 어떻게 준비를 해요? 저러다가 겨울이 오면 얼어 죽지나 않을까요?"

엄마 다람쥐의 입가에는 미소가 피어오르기 시작했습니다.

엄마 다람쥐는 다정스럽게 말했답니다.

"요 맹꽁아, 나무들은 벌써 겨울나기 준비를 마쳤어요. 그러니까 걱정할 것 하나 없단다."

"정말이에요?"

"믿지 못하겠으면 네가 직접 가서 알아보렴."

엄마 다람쥐는 나무들이 어떻게 겨울나기 준비를 하는지 다 알고 있었답니다.

하지만 일부러 설명을 하지 않았습니다.

아기 다람쥐가 스스로 알아보도록 하기 위해서입니다.

아기 다람쥐는 엄마 말씀대로 직접 알아보기 위해 집을 나섰습니다.

깡충깡충 뛰어 귤밭에 다다른 아기 다람쥐는 귤나무에게
물었습니다.
"귤나무 누나! 곧 겨울이 될 텐데 준비는 잘했나요?"
"이미 충분한 준비가 되어 있단다."
귤나무가 대답했습니다.
"내 몸을 봐. 우리 주인이 나를 위해서 내 몸에다 두꺼운 솜옷을
입혀 주었단다."
귤나무가 가리키는 대로 살펴보니까 과연 누군가 귤나무의
몸에다 한 아름의 볏짚을 묶어 놓았네요.
마치 한 벌의 금빛 솜 두루마기를 걸친 것 같습니다.

굴나무가 계속해서 말했습니다.

"이 솜 두루마기는 무척 따뜻하단다. 눈보라가 몰아쳐도 얼마든지 편안하게 잠을 잘 수 있어. 그러니까 아무 걱정 없이 푹 자다가 내년 봄에 깨어나면 되는 거야."

아기 다람쥐는 굴나무 누나에게 작별 인사를 하고 또 다른 나무를 찾아 달려갔습니다.

한참을 달리다 보니 눈앞에 벚나무 한 그루가 나타났습니다.

아기 다람쥐가 자세히 살펴보니 벚나무는 솜옷을 입고 있지 않았습니다.

그러자 아기 다람쥐는 벚나무에게 물었습니다.

"벚나무 아저씨! 아저씨는 겨울옷을 입지 않고도 거센 눈보라를 견뎌 낼 수 있어요?"

"우리는 원래 솜옷을 입지 않는단다."

벚나무 아저씨가 대답했습니다.

"오히려 우리가 겨울을 나는 방법은 그 반대란다. 입고 있던 옷을 홀랑 벗어 버리고 겨울을 나지."

아기 다람쥐는 머리를 들고 벚나무를 쳐다보았습니다.

아아, 정말 벚나무 아저씨의 몸에는 잎사귀가
하나도 남아 있지 않았습니다.
아기 다람쥐는 걱정스러운 눈빛으로 물었습니다.
"그러고도 얼어 죽지 않아요?"
"우리가 웃옷을 벗는 것은 얼어 죽지 않기
위해서란다."
벚나무 아저씨가 대답했습니다.
"내 몸의 잎사귀들은 숨도 쉬고 광합성 작용도
하거든. 그래서 항상 많은 수증기를 내뿜는다고.
그런데 겨울에는 잎사귀들이 다 떨어져 버리니까
물기가 증발하지 않고 몸속에 보존되지."

"아, 그게 그런 거였구나."
아기 다람쥐는 마음을 놓고 벚나무 아저씨와 헤어졌습니다.
해님이 서쪽으로 기울고 있었습니다.
아기 다람쥐는 소나무 숲으로 돌아왔습니다.
여기서 아기 다람쥐는 소나무 할아버지가 굴나무처럼 솜옷을
입지도 않았고 벚나무처럼 웃옷을 벗지도 않은 것을
발견하였습니다.
'아니, 소나무 할아버지는 우리 다람쥐하고 가장 친한
나무인데……'
아기 다람쥐는 걱정스러워하며 물었습니다.
"소나무 할아버지! 굴나무 누나가 겨울을 나려면 솜옷이
필요하대요. 그리고 벚나무 아저씨는 겨울을 나려면 웃옷을
모두 벗어야 한대요. 그런데 할아버지는 왜 아무것도 하지
않으세요? 그래 가지고 어떻게 겨울을 나려고 하세요?"
"내 몸은 굴나무나 벚나무하고는 다르단다."
소나무 할아버지가 말했습니다.
"내 껍질은 두툼해서 추운 겨울을 이겨 낼 수 있단다.

또 내 옷옷은 뽀족한 잎사귀로 되어 있어서 물기가 별로 증발되지 않지. 그래서 안전하게 겨울을 날 수 있단다."

아기 다람쥐는 안도의 한숨을 내쉬었습니다.

아기 다람쥐는 집으로 달려가서 보고 들은 것을 엄마 다람쥐에게 들려주었습니다. 엄마 다람쥐는 기뻐하며 말했습니다.

"착한 아가야. 참 많은 것을 배우고 왔구나."

# 식물은 겨울을 나는 방법이 달라요

겨울이 되면 꽃은 시들고 나무는 잎이 다 떨어져서 마치 죽은 듯 보여요.
그러나 식물들은 나름의 방법으로 추운 겨울을 잘 지내고 있지요.

## 나무의 겨울나기

겨울이 되면 나무들은 잎을 다 떨어트리고 겨울눈을 만들어 내년을 준비해요.
나뭇가지에 군데군데 생긴 작은 몽우리가 바로 '겨울눈'이에요.

참나무

**참나무의 겨울눈**
겨울눈은 겨울을 나고 봄이 되면 잎이나 줄기, 꽃이 되어요. 잎이 될 잎눈은 갸름하고, 꽃이 될 꽃눈은 잎눈보다 둥글고 커요. 솜털이나 단단한 비늘잎으로 덮여 있어서 추운 겨울도 잘 버텨요.

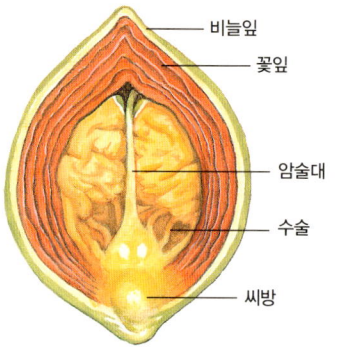

**꽃눈의 구조**
겨울눈 가운데 꽃눈을 세로로 잘라 보면 여러 겹의 비늘잎 안쪽에 꽃잎부터 씨방까지 꽃의 구조를 모두 갖춘 모습을 볼 수 있어요.

### 여러 가지 나무의 겨울눈

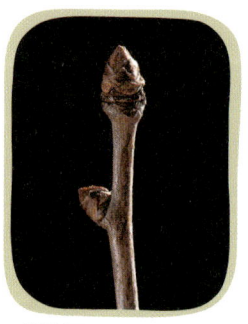
은행나무

상수리나무

벚나무

98

## 풀의 겨울나기

줄기가 가는 풀들은 겨울이 오면 잎이나 줄기가 다 말라 버려요.
그래서 씨앗, 줄기, 뿌리 등으로 겨울을 나고 이듬해 다시 자라요.

**씨앗으로 겨울나기**
벼, 보리 같은 곡식과 채송화, 봉숭아 같은 꽃들은 줄기, 잎, 꽃은 다 죽고 씨앗만 남아 겨울을 나요.

**알뿌리로 겨울나기**
튤립이나 수선화는 뿌리나 줄기, 잎에 양분을 잔뜩 모아 둥글게 자란 알뿌리로 겨울을 지내요.

**잎과 뿌리로 겨울나기**
민들레나 냉이 같은 식물은 뿌리를 땅속 깊이 내리고 잎은 땅에 바짝 붙어서 겨울을 지내요.

**땅속줄기로 겨울나기**
우리가 먹는 감자나 토란은 땅속줄기에 양분을 모아 놓은 거예요. 땅속줄기만 남아 겨울을 나요.

### 잠깐 관찰

#### 나이테로 나무의 나이를 알 수 있어요

나무를 가로로 자르면 둥근 선들이 여러 개 있어요. 바로 나이테예요. 햇빛이나 양분, 물이 많은 봄과 여름에는 나무도 쑥쑥 자라서 굵어져요. 그러나 추운 가을, 겨울에는 굵어지는 속도가 느려서 조금밖에 자라지 않아요. 이렇듯 분명하게 구분되기 때문에 나이테를 세면 나무의 나이를 알 수 있어요.

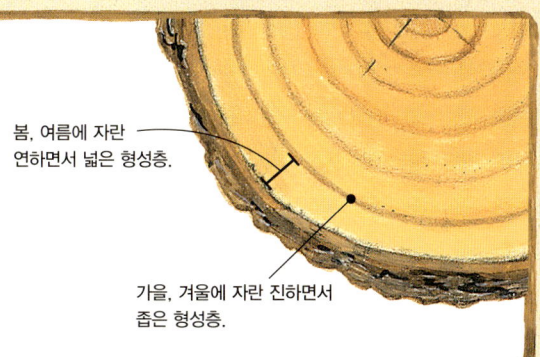

봄, 여름에 자란 연하면서 넓은 형성층.

가을, 겨울에 자란 진하면서 좁은 형성층.

## 숙제 도우미

동화에 나오는 꽃들의 사진이에요.
사진을 보면서 꽃들의 생김새를 비교해 보세요.
사진 뒷면에 나온 정보를 보면
꽃들이 언제, 어디서 피는지 알 수 있어요.
한 장씩 오려서 숙제할 때 활용하세요.

도라지
도라지는 꽃잎이 다섯 개이다.

참나리
참나리는 꽃에 점이 나 있다.

계절에 따라 여러 가지 꽃이 피어요.
어느 계절에 피는 꽃일까요?

교과 과정 1-1 2. 봄이 왔어요  1-1 6. 와! 여름이다  1-2 4. 가을의 산과 들

금낭화

앵두꽃

제비꽃

수련

원추리

해당화

101

4월에 피는 앵두꽃은 흰색이나
연분홍색 꽃이 잎보다 먼저 피어요.

앵두꽃

5~6월, 산에 피는 금낭화는
복주머니를 닮은 꽃 속에
금빛 꽃가루가 들어 있어요.

금낭화

6~8월에 연못에 피는
수련은 3일 동안 꽃을
피웠다 닫았다 해요.

수련

4~5월에 피는 제비꽃은
잎 사이에서 나온 꽃줄기 끝에
하나씩 꽃이 피어요.

제비꽃

5~7월, 바닷가 모래밭에서
피어나는 해당화는 가지 끝에
1~3개씩 꽃이 피어요.

해당화

7~8월, 산에 피는 원추리는
1미터나 되는 꽃줄기 끝에
백합을 닮은 꽃이 피어요.

원추리

계절에 따라 여러 가지 꽃이 피어요.
어느 계절에 피는 꽃일까요?

교과 과정 1-1 2. 봄이 왔어요  1-1 6. 와! 여름이다  1-2 4. 가을의 산과 들

도라지　　　　　　　　　채송화

참나리　　　　　　　　　투구꽃

수선화　　　　　　　　　동백꽃

103

7~10월, 꽃밭에 많이 피는 채송화는 맑은 날 낮에 피는데, 오후 2시쯤 되면 시들어요.

채송화

7~8월, 산에 들에 피는 도라지는 다섯 개의 꽃잎이 모여 종처럼 보여요.

도라지

9월에 깊은 산속에 피는 투구꽃은 맨 뒤쪽의 꽃잎이 꽃 전체를 덮어서 고깔처럼 보여요.

투구꽃

7~8월에 피는 참나리는 1~2미터나 되는 긴 줄기에 검은 점들이 나 있는 꽃을 피워요.

참나리

10~3월에 피는 동백꽃은 우리나라 따뜻한 남쪽 지방에서 많이 피어요.

동백꽃

12~3월에 피는 수선화는 꽃자루 끝에 5~6개의 꽃이 옆을 향해 나팔 모양으로 피어나요.

수선화